DISCOURS
SUR
L'ŒCONOMIE
POLITIQUE,
PAR
Mr. JEAN-JAQ. ROUSSEAU,
Citoyen de GENEVE.

Labor improbus omnia vincit.

A GENEVE,

Chez EMANUEL DU VILLARD, FILS.

———————

M. DCC. LVIII.

LETTRE DE Mr. V****s AU LIBRAIRE.

Tous les Ouvrages de l'illustre Citoyen de Geneve méritent de voir le jour; c'est presque en être privé que de n'exister que dans l'Encyclopedie, qui n'est entre les mains que d'un petit nombre de personnes, & qui par là ne donne, pour ainsi dire, qu'une immortalité obscure aux piéces qu'elle renferme. Vous devriez, Monsieur, en tirer l'excellent Discours sur l'Oeconomie politique, & le donner au Public, en ayant soin de corriger les fautes indiquées dans l'Errata. L'esprit de patriotisme qui fait l'ame de ce Discours, les solides & judicieuses réflexions dont il est rempli, le stile mâle & nerveux de l'Auteur, me persuadent qu'il sera goûté de tout Lecteur Citoyen.

J'ai l'honneur d'être &c.

RÉPONSE.

Nous serions trop heureux, Monsieur, si les gens de goût comme vous, nous aimoient assez, pour nous procurer quelquefois des morceaux de Litterature aussi importans pour la Societé, que celui que vous m'avez fait le plaisir de me communiquer; mais vous venez d'en donner un si bon exemple, en me conseillant d'imprimer le Discours de Mr. Rousseau *notre illustre Compatriote*, qu'il réveillera sûrement l'attention des Gens de Lettres, & les engagera à nous offrir souvent l'occasion de servir le Public, en lui mettant sous les yeux des Ouvrages aussi utiles qu'intéressants. Je ne vous parle point de l'honneur que vous faites vous-même aux Lettres, par vos lumiéres & vos connoissances dans tous les genres, c'est assez qu'elles répandent sur vos jours une douceur & une aménité qui suffisent seules pour faire sentir même aux plus indifférens le plaisir de les cultiver. Continuez, Monsieur, à en inspirer le goût, autant par les agrémens de votre conversation, que par vos Ecrits : Vous aprendrez à vos Concitoyens ce que les Sciences ont d'aimable, & ils vous devront la connoissance du vrai mérite & des avantages des Belles - Lettres. Je suis,

MONSIEUR,

Votre très - humble & très-obéissant Serviteur,

EM. DU VILLARD.

DISCOURS
SUR
L'ŒCONOMIE
POLITIQUE.

E mot *Oeconomie* ne signifie originairement que le sage & légitime gouvernement de la maison, pour le bien commun de toute la famille. Le sens de ce terme a été dans la suite étendu au gouvernement de la grande famille, qui est l'*Etat*. Pour distinguer ces deux acceptions, on l'appelle dans ce dernier cas, *Oeconomie générale*, ou *politique*, & dans l'autre, *Oeconomie domestique* ou *particuliére*. Ce n'est que de la premiére qu'il est question dans cet article.

Quand il y auroit entre l'Etat & la Famille autant de rapport que plusieurs Auteurs le pré-

A   ten-

tendent, il ne s'enfuivroit pas pour cela que les régles de conduite propres à l'une de ces deux fociétés, fuffent convenables à l'autre : elles différent trop en grandeur pour pouvoir être adminiftrées de la même maniére, & il y aura toujours une extrême différence entre le gouvernement domeftique, où le pére peut tout voir par lui-même, & le gouvernement civil, où le Chef ne voit prefque rien que par les yeux d'autrui. Pour que les chofes devinffent égales à cet égard, il faudroit que les talens, la force, & toutes les facultés du pére, augmentaffent en raifon de la grandeur de la famille, & que l'ame d'un puiffant Monarque fût à celle d'un homme ordinaire, comme l'étendue de fon Empire eft à l'héritage d'un particulier.

Mais comment le gouvernement de l'Etat pourroit-il être femblable à celui de la famille, dont le fondement eft fi différent ? Le pére étant phyfiquement plus fort que fes enfans, auffi long-tems que fon fecours leur eft néceffaire, le pouvoir paternel paffe avec raifon pour être établi par la nature. Dans la grande famille dont tous les membres font naturellement égaux, l'autorité politique purement arbitraire quant à fon inftitution, ne
peut

peut être fondée que sur des conventions, ni le Magistrat commander aux autres qu'en vertu des loix. Les devoirs du pére lui sont dictés par des sentimens naturels, & d'un ton qui lui permet rarement de désobéir. Les Chefs n'ont point de semblable régle, & ne sont réellement tenus envers le peuple qu'à ce qu'ils lui ont promis de faire, & dont il est en droit d'exiger l'exécution. Une autre différence plus importante encore, c'est que les enfans n'ayant rien que ce qu'ils reçoivent du pére, il est évident que tous les droits de propriété lui appartiennent, ou émanent de lui; c'est tout le contraire dans la grande famille, où l'administration générale n'est établie que pour assurer la propriété particuliére qui lui est antérieure. Le principal objet des travaux de toute la maison est de conserver & d'accroître le patrimoine du pére, afin qu'il puisse un jour le partager entre ses enfans sans les appauvrir; au lieu que la richesse du fisc n'est qu'un moyen, souvent mal entendu, pour maintenir les particuliers dans la paix & dans l'abondance. En un mot, la petite famille est destinée à s'éteindre, & à se résoudre un jour en plusieurs autres familles semblables; mais la grande étant faite pour durer toujours dans le même état, il faut que la premiére s'augmente pour se multiplier ; & non-seulement il suffit que l'autre se conserve, mais on peut prouver aisément que toute augmentation lui est plus préjudiciable qu'utile.

Par plusieurs raisons tirées de la nature de la chose, le pére doit commander dans la famille. Premiérement, l'autorité ne doit pas être égale entre le pére & la mére ; mais il faut que le gouvernement soit un, & que dans les partages d'avis il y ait une voix prépondérante qui décide. 2°. Quelque légéres qu'on veuille supposer les incommodités particuliéres à la femme, comme elles sont toujours pour elle un intervalle d'inaction, c'est une raison suffisante pour l'exclure de cette primauté : car quand la balance est parfaitement égale, une paille suffit pour la faire pancher. De plus, le mari doit avoir inspection sur la conduite de sa femme, parce qu'il lui importe de s'assûrer que les enfans, qu'il est forcé de reconnoître & de nourrir, n'appartiennent pas à d'autres qu'à lui. La femme qui n'a rien de semblable à craindre, n'a pas le même droit sur le mari. 3°. Les enfans doivent obéir au pére, d'abord par nécessité, ensuite par reconnoissance ; après avoir reçû de lui leurs besoins durant la moitié de leur vie, ils doivent

vent confacrer l'autre à pourvoir aux fiens. 4°. A l'égard des domeftiques, ils lui doivent aufli leurs fervices en échange de l'entretien qu'il leur donne; fauf à rompre le marché dès qu'il ceffe de leur convenir. Je ne parle point de l'efclavage, parce qu'il eft contraire à la nature, & qu'aucun droit ne peut l'autorifer

Il n'y a rien de tout cela dans la Société politique. Loin que le Chef ait un intérêt naturel au bonheur des particuliers, il ne lui eft pas rare de chercher le fien dans leur miférere. La Magiftrature eft-elle héréditaire? c'eft fouvent un enfant qui commande à des hommes: eft-elle élective? mille inconvéniens fe font fentir dans les élections; & l'on perd dans l'un & l'autre cas tous les avantages de la paternité. Si vous n'avez qu'un feul Chef, vous êtes à la difcrétion d'un Maitre qui n'a nulle raifon de vous aimer; fi vous en avez plufieurs, il faut fupporter à la fois leur tyrannie & leurs divifions. En un mot, les abus font inévitables & leurs fuites funeftes dans toute Société, où l'intérêt public & les loix n'ont aucune force naturelle, & font fans ceffe attaqués par l'intérêt perfonnel & les paffions du Chef & des membres.

Quoique les fonctions du pére de famille &

du premier Magiſtrat doivent tendre au même but, c'eſt par des voies ſi différentes; leur devoir & leurs droits ſont tellement diſtingués, qu'on ne peut les confondre ſans ſe former de fauſſes idées des loix fondamentales de la Société, & ſans tomber dans des erreurs fatales au genre humain. En effet, ſi la voix de la nature eſt le meilleur conſeil que doive écouter un bon pére pour bien remplir ſes devoirs, elle n'eſt pour le Magiſtrat qu'un faux guide qui travaille ſans ceſſe à l'écarter des ſiens, & qui l'entraîne tôt ou tard à ſa perte ou à celle de l'Etat, s'il n'eſt retenu par la plus ſublime vertu. La ſeule précaution néceſſaire au pére de famille, eſt de ſe garantir de la dépravation, & d'empêcher que les inclinations naturelles ne ſe corrompent en lui; mais ce ſont elles qui corrompent le Magiſtrat. Pour bien faire, le premier n'a qu'à conſulter ſon cœur; l'autre devient un traitre au moment qu'il écoute le ſien: ſa raiſon même lui doit être ſuſpecte; & il ne doit ſuivre d'autre régle que la raiſon publique, qui eſt la loi. Auſſi la nature a-t-elle fait une multitude de bons péres de famille; mais il eſt douteux que depuis l'exiſtence du monde, la ſageſſe humaine ait jamais fait

fait dix hommes capables de gouverner leurs semblables.

De tout ce que je viens d'expofer, il s'enfuit que c'eſt avec raifon qu'on a diſtingué *l'œconomie publique* de *l'œconomie particuliére*, & que l'Etat n'ayant rien de commun avec la famille que l'obligation qu'ont les Chefs de rendre heureux l'un & l'autre, les mêmes régles de conduite ne fauroient convenir à tous les deux. J'ai crû qu'il fuffiroit de ce peu de lignes pour renverfer l'odieux fyſtême que le Chevalier *Filmer* a tâché d'établir dans un ouvrage intitulé *Patriarcha*, auquel deux hommes illuſtres ont fait trop d'honneur en écrivant des livres pour le refuter : au reſte, cette erreur eſt fort ancienne, puifqu'Ariſtote meme a jugé à-propos de la combattre par des raifons qu'on peut voir au premier livre de fes *Politiques*.

Je prie mes Lecteurs de bien diſtinguer encore *l'œconomie publique* dont j'ai à parler, & que j'appelle *gouvernement*, de l'autorité fuprême que j'appelle *Souveraineté*; diſtinction qui confiſte en ce que l'une a le droit législatif, & oblige en certains cas le corps même de la nation, tandis que l'autre n'a que la puiffance exécutrice, & ne peut obliger que les particuliers.

Qu'on me permette d'employer pour un moment une comparaison commune & peu exacte à bien des égards, mais propre à me faire mieux entendre.

Le corps politique, pris individuellement, peut être considéré comme un corps organisé, vivant, & semblable à celui de l'homme. Le pouvoir souverain représente la tête; les loix & les coûtumes sont le cerveau, principe des nerfs & siége de l'entendement, de la volonté & des sens, dont les Juges & Magistrats sont les organes; le commerce, l'industrie & l'agriculture, sont la bouche & l'estomac qui préparent la subsistance commune; les finances publiques sont le sang qu'une sage *œconomie*, en faisant les fonctions du cœur, renvoye distribuer par tout le corps la nourriture & la vie; les citoyens sont le corps & les membres qui font mouvoir, vivre & travailler la machine, & qu'on ne sçauroit blesser en aucune partie, qu'aussi-tôt l'impression douloureuse ne s'en porte au cerveau, si l'animal est dans un état de santé.

La vie de l'un & de l'autre est le *moi* commun au tout, la sensibilité réciproque, & la correspondance interne de toutes les parties. Cette communication vient-elle à cesser, l'unité

nité formelle à s'évanoüir, & les parties contigues à n'appartenir plus l'une à l'autre que par juxta-position? l'homme est mort, ou l'Etat est dissous.

Le Corps politique est donc aussi un être moral qui a une volonté; & cette volonté générale, qui tend toujours à la conservation & au bien-être du tout & de chaque partie, & qui est la source des loix, est pour tous les membres de l'Etat par rapport à eux & à lui, la régle du juste & de l'injuste; vérité qui, pour le dire en passant, montre avec combien de sens tant d'écrivains ont traité de vol la subtilité prescrite aux enfans de Lacédémone, pour gagner leur frugal repas, comme si tout ce qu'ordonne la loi pouvoit ne pas être légitime.

Il est important de remarquer que cette régle de justice, sûre par rapport à tous les citoyens, peut être fautive avec les étrangers; & la raison de ceci est évidente: c'est qu'alors la volonté de l'Etat, quoique générale par rapport à ses membres, ne l'est plus par rapport aux autres Etats & à leurs membres, mais devient pour eux une volonté particuliére & individuelle, qui a sa régle de justice dans la loi de nature, ce qui rentre également dans
le

le principe établi : car alors la grande ville du monde devient le corps politique dont la loi de nature est toûjours la volonté générale, & dont les Etats & peuples divers ne font que des membres individuels.

De ces mêmes distinctions appliquées à chaque Société politique & à ses membres, découlent les régles les plus universelles & les plus sûres sur lesquelles on puisse juger d'un bon ou d'un mauvais gouvernement, & en général, de la moralité de toutes les actions humaines.

Toute société politique est composée d'autres sociétés plus petites de différentes espéces, dont chacune a ses intérêts & ses maximes ; mais ces sociétés que chacun aperçoit parcequ'elles ont une forme extérieure & autorisée, ne sont pas les seules qui existent réellement dans l'État ; tous les particuliers qu'un intérêt commun réunit, en composent autant d'autres, permanentes ou passagéres, dont la force n'est pas moins réelle pour être moins apparente, & dont les divers rapports bien observés sont la véritable connoissance des mœurs. Ce sont toutes ces associations tacites ou formelles qui modifient de tant de maniéres les apparences
de

de la volonté publique par l'influence de la leur. La volonté de ces sociétés particuliéres a toûjours deux rélations ; pour les membres de l'association, c'est une volonté générale ; pour la grande société, c'est une volonté particuliére, qui très-souvent se trouve droite au premier égard, & vicieuse au second. Tel peut être Prêtre dévot, ou brave soldat, ou patricien zélé, & mauvais citoyen. Telle délibération peut être avantageuse à la petite communauté, & très-pernicieuse à la grande. Il est vrai que les sociétés particuliéres étant toujours subordonnées à celle-ci préférablement aux autres, que les devoirs du citoyen vont avant ceux du Sénateur, & ceux de l'homme avant ceux du citoyen : mais malheureusement l'intérêt personnel se trouve toujours en raison inverse du devoir, & augmente à mesure que l'association devient plus étroite & l'engagement moins sacré ; preuve invincible que la volonté la plus générale est aussi toujours la plus juste, & que la voix du peuple est en effet la voix de Dieu.

Il ne s'ensuit pas pour cela que les délibérations publiques soient toujours équitables ; elles peuvent ne l'être pas lorsqu'il s'agit d'affaires

faires étrangéres ; j'en ai dit la raison. Ainsi il n'est pas impossible qu'une République bien gouvernée fasse une guerre injuste. Il ne l'est pas non plus que le Conseil d'une Démocratie passe de mauvais decrets & condamne les innocens : mais cela n'arrivera jamais, que le peuple ne soit séduit par des intérêts particuliers, qu'avec du crédit & de l'éloquence quelques hommes adroits sauront substituer aux siens. Alors autre chose sera la délibération publique, & autre chose la volonté générale. Qu'on ne m'oppose donc point la Démocratie d'Athénes, parce qu'Athénes n'étoit point en effet une Démocratie, mais une Aristocratie, très-tyrannique, gouvernée par des Savans & des Orateurs. Examinez avec soin ce qui se passe dans une délibération quelleconque, & vous verrez que la volonté générale est toujours pour le bien commun ; mais très-souvent il se fait une scission secrette, une confédération tacite, qui pour des vûes particuliéres sait éluder la disposition naturelle de l'assemblée. Alors le corps social se divise réellement en d'autres dont les membres prennent une volonté générale, bonne & juste à l'égard de ces nouveaux corps, injuste & mauvaise à l'égard du tout dont chacun d'eux se démembre. On

On voit avec quelle facilité l'on explique à l'aide de ces principes, les contradictions apparentes qu'on remarque dans la conduite de tant d'hommes remplis de scrupule & d'honneur à certains égards, trompeurs & fripons à d'autres, foulant aux piés les plus sacrés devoirs, & fidéles jusqu'à la mort à des engagemens souvent illégitimes. C'est ainsi que les hommes les plus corrompus rendent toujours quelque sorte d'hommage à la foi publique; c'est ainsi que les brigands mêmes qui sont les ennemis de la vertu dans la grande société, en adorent le simulacre dans leurs cavernes.

En établissant la volonté générale pour premier principe de *l'économie* publique & régle fondamentale du gouvernement, je n'ai pas cru nécessaire d'examiner sérieusement si les Magistrats appartiennent au peuple ou le peuple aux Magistrats, & si dans les affaires publiques on doit consulter le bien de l'Etat ou celui des Chefs. Depuis long-tems cette question a été décidée d'une maniére par la pratique, & d'une autre par la raison; & en général ce seroit une grande folie d'espérer que ceux qui dans le fait sont les maitres, préféreront un autre intérêt au leur. Il seroit donc à propos de divifer encore l'*œconomie* publique en populaire & tyrannique. La premiére eft celle de tout Etat, où régne entre le peuple & les Chefs unité d'intérêt & de volonté; l'autre exiftera néceffairement par-tout où le gouvernement & le peuple auront des intérêts différens & par conféquent des volontés oppofées. Les maximes de celle-ci font infcrites au long dans les archives de l'hiftoire & dans les fatyres de Machiavel. Les autres, ne fe trouvent que dans les écrits des Philofophes qui ofent reclamer les droits de l'humanité.

I. La premiére & la plus importante maxime du gouvernement légitime ou populaire, c'eft-à-dire de celui qui a pour objet le bien du peuple, eft donc, comme je l'ai dit, de fuivre en tout la volonté générale ; mais pour la fuivre il faut la connoitre, & fur-tout la bien diftinguer de la volonté particuliére en commençant par foi-même ; diftinction toujours fort difficile à faire, & pour laquelle il n'appartient qu'à la plus fublime vertu de donner de fuffifantes lumiéres. Comme pour vouloir il faut être libre, une autre difficulté qui n'eft guère moindre, eft d'affurer à la fois la liberté publique & l'autorité du gouvernement.

Cher-

Cherchez les motifs qui ont porté les hommes unis par leurs besoins mutuels dans la grande société, à s'unir plus étroitement par des sociétés civiles; vous n'en trouverez point d'autre que celui d'assurer les biens, la vie, & la liberté de chaque membre par la protection de tous: or comment forcer les hommes à défendre la liberté de l'un d'entr'eux, sans porter atteinte à celle des autres? & comment pourvoir aux besoins publics, sans altérer la propriété particuliére de ceux qu'on force d'y contribuer? De quelques sophismes qu'on puisse colorer tout cela, il est certain que si l'on peut contraindre ma volonté, je ne suis plus libre, & que je ne suis plus maitre de mon bien, si quelqu'autre peut y toucher. Cette difficulté, qui devoit sembler insurmontable, a été levée avec la premiére par la plus sublime de toutes les institutions humaines, ou plutôt par une inspiration céleste, qui apprit à l'homme à imiter ici-bas les décrets immuables de la Divinité. Par quel art inconcevable a-t-on pu trouver le moyen d'assujettir les hommes pour les rendre libres? d'employer au service de l'Etat les biens, les bras, & la vie même de tous ses membres, sans les contraindre & sans les consulter? d'enchaîner leur vo-

lonté

lonté de leur propre aveu ? de faire valoir leur confentement contre leur refus, & de les forcer à fe punir eux-mêmes, quand ils font ce qu'ils n'ont pas voulu ? Comment fe peut-il faire qu'ils obéiffent & que perfonne ne commande, qu'ils fervent & n'ayent point de Maitre; d'autant plus libres en effet que fous une apparente fujétion, nul ne perd de fa liberté que ce qui peut nuire à celle d'un autre ? Ces prodiges font l'ouvrage de la loi. C'eft à la loi feule que les hommes doivent la juftice & la liberté. C'eft cet organe falutaire de la volonté de tous, qui rétablit dans le droit l'égalité naturelle entre les hommes. C'eft cette voix célefte qui dicte à chaque citoyen les préceptes de la raifon publique, & lui apprend à agir felon les maximes de fon propre jugement, & à n'être pas en contradiction avec lui-même. C'eft elle feule auffi que les Chefs doivent faire parler quand ils commandent; car fi-tôt qu'indépendamment des loix, un homme en prétend foûmettre un autre à fa volonté privée, il fort à l'inftant de l'état civil, & fe met vis-à-vis de lui dans le pur état de la nature, où l'obéiffance n'eft jamais prefcrite que par la néceffité.

Le plus preffant intérêt du Chef, de même que

que son devoir le plus indispensable est donc de veiller à l'observation des loix dont il est le ministre, & sur lesquelles est fondée toute son autorité. S'il doit les faire observer aux autres, à plus forte raison doit-il les observer lui-même, qui jouit de toute leur faveur. Car son exemple est de telle force, que quand même le peuple voudroit bien souffrir qu'il s'affranchît du joug de la loi, il devroit se garder de profiter d'une si dangereuse prérogative, que d'autres s'efforceroient bien-tôt d'usurper à leur tour, & souvent à son préjudice. Au fond, comme tous les engagemens de la société sont réciproques par leur nature, il n'est pas possible de se mettre au-dessus de la loi sans renoncer à ses avantages, & personne ne doit rien à quiconque prétend ne rien devoir à personne. Par la même raison nulle exemption de la loi ne sera jamais accordée à quelque titre que ce puisse être dans un gouvernement bien policé. Les citoyens mêmes qui ont bien mérité de la patrie doivent être récompensés par des honneurs, & jamais par des priviléges : car la République est à la veille de sa ruine, si-tôt que quelqu'un peut penser qu'il est beau de ne pas obéir aux loix. Mais si jamais la Noblesse ou le

B mili-

militaire, ou quelqu'autre ordre de l'Etat, adoptoit une pareille maxime, tout feroit perdu fans reffource.

La puiffance des loix dépend encore plus de leur propre fageffe que de la févérité de leurs miniftres, & la volonté publique tire fon plus grand poids de la raifon qui l'a dictée : c'eft pour cela que *Platon* regarde comme une précaution très-importante de mettre toujours à la tête des édits un préambule raifonné qui en montre la juftice & l'utilité. En effet, la premiére des loix eft de refpecter les loix : la rigueur des châtimens n'eft qu'une vaine reffource imaginée par de petits efprits pour fubftituer la terreur à ce refpect qu'ils ne peuvent obtenir. On a toujours remarqué que les pays où les fupplices font les plus terribles, font auffi ceux où ils font les plus fréquens ; de forte que la cruauté des peines ne marque guère que la multitude des infracteurs, & qu'en puniffant tout avec la même févérité, l'on force les coupables de commettre des crimes pour échapper à la punition de leurs fautes.

Mais quoique le gouvernement ne foit pas le maitre de la loi, c'eft beaucoup d'en être le garant & d'avoir mille moyens de la faire aimer. Ce n'eft qu'en cela que confifte le talent

lent de régner. Quand on a la force en main, il n'y a point d'art à faire trembler tout le monde, & il n'y en a pas même beaucoup à gagner les cœurs; car l'expérience a depuis long-tems appris au peuple à tenir grand compte à ses Chefs de tout le mal qu'ils ne lui font pas, & à les adorer quand il n'en est pas haï. Un imbécille obéï peut comme un autre punir les forfaits : le véritable homme d'Etat sait les prévenir ; c'est sur les volontés encore plus que sur les actions, qu'il étend son respectable empire. S'il pouvoit obtenir que tout le monde fît bien, il n'auroit lui-même plus rien à faire, & le chef-d'œuvre de ses travaux seroit de pouvoir rester oisif. Il est certain, du moins, que le plus grand talent des Chefs est de déguiser leur pouvoir pour le rendre moins odieux, & de conduire l'Etat si paisiblement qu'il semble n'avoir pas besoin de conducteurs.

Je conclus donc que comme le premier devoir du Législateur est de conformer les loix à la volonté générale, la première régle de l'*œconomie* publique est que l'administration soit conforme aux loix. C'en sera même assez pour que l'Etat ne soit pas mal gouverné, si le Législateur a pourvû comme il le devoit à tout

ce qu'exigeoient les lieux, le climat, le sol, les mœurs, le voisinage, & tous les rapports particuliers du peuple qu'il avoit à instituer. Ce n'est pas qu'il ne reste encore une infinité de détails de police & d'*œconomie*, abandonnés à la sagesse du gouvernement : mais il a toujours deux régles infaillibles pour se bien conduire dans ces occasions; l'une est l'esprit de la loi qui doit servir à la décision des cas qu'elle n'a pû prévoir; l'autre est la volonté générale, source & supplément de toutes les loix, & qui doit toujours être consultée à leur défaut. Comment, me dira-t-on, connoitre la volonté générale dans les cas où elle ne s'est point expliquée? Faudra-t-il assembler toute la nation à chaque événement imprévu? Il faudra d'autant moins l'assembler, qu'il n'est pas sûr que sa décision fût l'expression de la volonté générale; que ce moyen est impraticable dans un grand peuple, & qu'il est rarement nécessaire quand le gouvernement est bien intentionné : car les Chefs savent assez que la volonté générale est toujours pour le parti le plus favorable à l'intérêt public, c'est-à-dire, le plus équitable; de sorte qu'il ne faut qu'être juste pour s'assurer de suivre la volonté générale. Souvent quand on la choque
que

que trop ouvertement, elle se laisse appercevoir malgré le frein terrible de l'autorité publique. Je cherche le plus près qu'il m'est possible les exemples à suivre en pareil cas. A la Chine, le Prince a pour maxime constante de donner le tort à ses officiers dans toutes les altercations qui s'élévent entr'eux & le peuple. Le pain est-il cher dans une province ? l'Intendant est mis en prison : se fait-il dans une autre une émute ? le Gouverneur est cassé, & chaque Mandarin répond sur sa tête de tout le mal qui arrive dans son département. Ce n'est pas qu'on n'examine ensuite l'affaire dans un procès régulier ; mais une longue expérience en a fait prévenir ainsi le jugement. L'on a rarement en cela quelque injustice à réparer ; & l'Empereur, persuadé que la clameur publique ne s'éléve jamais sans sujet, démêle toujours au travers des cris séditieux qu'il punit, de justes griefs qu'il redresse.

C'est beaucoup que d'avoir fait régner l'ordre & la paix dans toutes les parties de la République ; c'est beaucoup que l'Etat soit tranquille & la loi respectée : mais si l'on ne fait rien de plus, il y aura dans tout cela plus d'apparence que de réalité, & le gouvernement se fera difficilement obéir s'il se borne à l'obéissance.

sance. S'il est bon de savoir employer les hommes tels qu'ils sont, il vaut beaucoup mieux encore les rendre tels qu'on a besoin qu'ils soient ; l'autorité la plus absolue est celle qui pénétre jusqu'à l'intérieur de l'homme, & ne s'exerce pas moins sur la volonté que sur les actions. Il est certain que les peuples sont à la longue ce que le gouvernement les fait être ; guerriers, citoyens, hommes, quand il le veut ; populace & canaille quand il lui plait : & tout Prince qui méprise ses Sujets se deshonore lui-même, en montrant qu'il n'a pas sçu les rendre estimables. Formez donc des hommes, si vous voulez commander à des hommes ; si vous voulez qu'on obéïsse aux loix, faites qu'on les aime, & que pour faire ce qu'on doit, il suffise de songer qu'on le doit faire. C'étoit là le grand art des gouvernemens anciens, dans ces tems reculés où les Philosophes donnoient des loix aux peuples, & n'employoient leur autorité qu'à les rendre sages & heureux. De-là tant de loix somptuaires, tant de réglemens sur les mœurs, tant de maximes publiques admises ou rejettées avec le plus grand soin. Les tyrans mêmes n'oublioient pas cette importante partie de l'administration, & on les voyoit attentifs à corrompre

pre les mœurs de leurs esclaves avec autant de soin qu'en avoient les Magistrats à corriger celles de leurs concitoyens. Mais nos gouvernemens modernes, qui croyent avoir tout fait quand ils ont tiré de l'argent, n'imaginent pas même qu'il soit nécessaire ou possible d'aller jusques-là.

II. Seconde régle essentielle de l'*œconomie* publique, non moins importante que la premiére. Voulez-vous que la volonté générale soit accomplie ? faites que toutes les volontés particuliéres s'y rapportent ; & comme la vertu n'est que cette conformité de la volonté particuliére à la générale, pour dire la même chose en un mot, faites régner la vertu.

Si les politiques étoient moins aveuglés par leur ambition, ils verroient combien il est impossible qu'aucun établissement quel qu'il soit, puisse marcher selon l'esprit de son institution, s'il n'est dirigé selon la loi du devoir ; ils sentiroient que le plus grand ressort de l'autorité publique est dans le cœur des citoyens, & que rien ne peut suppléer aux mœurs pour le maintien du gouvernement. Non-seulement il n'y a que des gens de bien qui sçachent administrer les loix, mais il n'y a dans le fond que d'honnêtes gens qui sachent leur obéïr.

Celui qui vient à bout de braver les remords, ne tardera pas à braver les supplices ; châtiment moins rigoureux, moins continuel, & auquel on a du moins l'espoir d'échapper ; & quelques précautions qu'on prenne, ceux qui n'attendent que l'impunité pour mal faire, ne manquent guère de moyens d'éluder la loi ou d'échapper à la peine. Alors, comme tous les intérêts particuliers se réünissent contre l'intérêt général qui n'est plus celui de personne, les vices publics ont plus de force pour énerver les loix, que les loix n'en ont pour réprimer les vices ; & la corruption du peuple & des Chefs s'étend enfin jusqu'au gouvernement, quelque sage qu'il puisse être : le pire de tous les abus est de n'obéir en apparence aux loix que pour les enfreindre en effet avec sûreté. Bientôt les meilleures loix deviennent les plus funestes : il vaudroit mieux cent fois qu'elles n'existassent pas ; ce seroit une ressource qu'on auroit encore quand il n'en reste plus. Dans une pareille situation l'on ajoûte vainement édits sur édits, réglemens sur réglemens. Tout cela ne sert qu'à introduire d'autres abus sans corriger les premiers. Plus vous multipliez les loix, plus vous les rendez méprisables ; & tous les surveillans que vous instituez ne

font

font que de nouveaux infracteurs destinés à partager avec les anciens, ou à faire leur pillage à part. Bientôt le prix de la vertu devient celui du brigandage : les hommes les plus vils sont les plus accrédités ; plus ils sont grands, plus ils sont méprisables ; leur infamie éclate dans leurs dignités, & ils sont deshonorés par leurs honneurs. S'ils achètent des suffrages des Chefs ou la protection des femmes, c'est pour vendre à leur tour la justice, le devoir & l'Etat ; & le peuple qui ne voit pas que ses vices sont la première cause de ses malheurs, murmure & s'écrie en gémissant : » Tous mes maux ne viennent » que de ceux que je paye pour m'en garantir. «

C'est alors qu'à la voix du devoir qui ne parle plus dans les cœurs, les Chefs sont forcés de substituer le cri de la terreur ou le leurre d'un intérêt apparent dont ils trompent leurs créatures. C'est alors qu'il faut recourir à toutes les petites & méprisables ruses qu'ils appellent *maximes d'Etat*, & *mystères du cabinet*. Tout ce qui reste de vigueur au gouvernement est employé par ses membres à se perdre & supplanter l'un l'autre, tandis que les affaires demeurent abandonnées, ou ne se font qu'à mesure que l'intérêt personnel le demande , de, & selon qu'il les dirige. Enfin toute l'habileté de ces grands politiques est de fasciner tellement les yeux de ceux dont ils ont besoin, que chacun croye travailler pour son intérêt en travaillant pour *le leur* ; je dis *le leur*, si tant est qu'en effet le véritable intérêt des Chefs soit d'anéantir les peuples pour les soûmettre, & de ruiner leur propre bien pour s'en assûrer la possession.

Mais quand les citoyens aiment leur devoir, & que les dépositaires de l'autorité publique s'appliquent sincérement à nourrir cet amour par leur exemple & par leurs soins, toutes les difficultés s'évanoüissent, l'administration prend une facilité qui la dispense de cet art ténébreux dont la noirceur fait tout le mystére. Ces esprits vastes, si dangereux & si admirés, tous ces grands ministres dont la gloire se confond avec les malheurs du peuple, ne sont plus regrettés : les mœurs publiques suppléent au génie des Chefs ; & plus la vertu régne, moins les talens sont nécessaires. L'ambition même est mieux servie par le devoir que par l'usurpation : le peuple convaincu que ses Chefs ne travaillent qu'à faire son bonheur, les dispense par sa déférence de travailler à affermir leur pouvoir ; & l'histoire nous montre

tre en mille endroits que l'autorité qu'il accorde à ceux qu'il aime & dont il est aimé, est cent fois plus absolue que toute la tyrannie des usurpateurs. Ceci ne signifie pas que le gouvernement doive craindre d'user de son pouvoir, mais qu'il n'en doit user que d'une maniére légitime. On trouvera dans l'histoire mille exemples de Chefs ambitieux ou pusillanimes, que la mollesse ou l'orgueil ont perdus, aucun qui se soit mal trouvé de n'être qu'équitable. Mais on ne doit pas confondre la négligence avec la modération, ni la douceur avec la foiblesse. Il faut être sévére pour être juste : souffrir la méchanceté qu'on a le droit & le pouvoir de réprimer, c'est être méchant soi-même.

Ce n'est pas assez de dire aux citoyens, Soyez bons ; il faut leur apprendre à l'être ; & l'exemple même, qui est à cet égard la premiére leçon, n'est pas le seul moyen qu'il faille employer : l'amour de la patrie est le plus efficace ; car comme je l'ai déja dit, tout homme est vertueux quand sa volonté particuliére est conforme en tout à la volonté générale, & nous voulons volontiers ce que veulent les gens que nous aimons.

Il semble que le sentiment de l'humanité s'é-
va-

vapore & s'affoiblisse en s'étendant sur toute la tetre, & que nous ne saurions être touchés des calamités de la Tartarie ou du Japon, comme de celles d'un peuple Européen. Il faut en quelque maniére borner & comprimer l'intérêt & la commisération pour lui donner de l'activité. Or comme ce panchant en nous ne peut être utile qu'à ceux avec qui nous avons à vivre, il est bon que l'humanité concentrée entre les concitoyens, prenne en eux une nouvelle force par l'habitude de se voir, & par l'intérêt commun qui les réünit. Il est certain que les plus grands prodiges de vertu ont été produits par l'amour de la patrie: ce sentiment doux & vif qui joint la force de l'amour propre à toute la beauté de la vertu, lui donne une énergie qui, sans la défigurer, en fait la plus héroïque de toutes les passions. C'est lui qui produisit tant d'actions immortelles dont l'éclat éblouït nos foibles yeux, & tant de grands hommes dont les antiques vertus passent pour des fables depuis que l'amour de la patrie est tourné en dérision. Ne nous en étonnons pas; les transports des cœurs tendres paroissent autant de chiméres à quiconque ne les a point sentis; & l'amour de la patrie plus vif & plus délicieux cent fois que celui d'une

maimaîtresse, ne se conçoit de même qu'en l'éprouvant: mais il est aisé de remarquer dans tous les cœurs qu'il échauffe, dans toutes les actions qu'il inspire, cette ardeur bouillante & sublime dont ne brille pas la plus pure vertu quand elle en est séparée. Osons opposer *Socrate* même à *Caton*: l'un étoit plus philosophe, & l'autre plus citoyen. Athénes étoit déja perdue, & *Socrate* n'avoit plus de patrie que le monde entier: *Caton* porta toujours la sienne au fond de son cœur ; il ne vivoit que pour elle, & ne put lui survivre. La vertu de *Socrate* est celle du plus sage des hommes: mais entre *César* & *Pompée*, *Caton* semble un Dieu parmi des mortels. L'un instruit quelques particuliers, combat les Sophistes, & meurt pour la vérité : l'autre défend l'Etat, la liberté, les loix contre les Conquérans du Monde, & quitte enfin la terre quand il n'y avoit plus de patrie à servir. Un digne éléve de *Socrate* seroit le plus vertueux de ses contemporains ; un digne émule de *Caton* en seroit le plus grand. La vertu du premier feroit son bonheur ; le second chercheroit son bonheur dans celui de tous. Nous serions instruits par l'un & conduits par l'autre ; & cela seul décideroit de la préférence : car on n'a

jamais

jamais fait un peuple de sages, mais il n'est pas impossible de rendre un peuple heureux.

Voulons-nous que les peuples soient vertueux ? commençons donc par leur faire aimer la patrie : mais comment l'aimeront-ils, si la patrie n'est rien de plus pour eux que pour des étrangers, & qu'elle ne leur accorde que ce qu'elle ne peut refuser à personne ? Ce seroit bien pis s'ils n'y joüissoient pas même de la sûreté civile, & que leurs biens, leur vie ou leur liberté fussent à la discrétion des hommes puissans, sans qu'il leur fût possible ou permis d'oser réclamer les loix. Alors soûmis aux devoirs de l'état civil, sans joüir même des droits de l'état de nature, & sans pouvoir employer leurs forces pour se défendre, ils seroient par conséquent dans la pire condition où se puissent trouver des hommes libres, & le mot de *patrie* ne pourroit avoir pour eux qu'un sens odieux ou ridicule. Il ne faut pas croire que l'on puisse offenser ou couper un bras, que la douleur ne s'en porte à la tête ; & il n'est pas plus croyable que la volonté générale consente qu'un membre de l'Etat quel qu'il soit en blesse ou détruise un autre, qu'il ne l'est que les doigts d'un homme usant de sa raison aillent lui crever les yeux. La sûreté particuliére est tellement liée avec la confédération publique, que sans les égards que l'on doit à la foiblesse humaine, cette convention seroit dissoute par le droit, s'il périssoit dans l'Etat un seul citoyen qu'on eût pû secourir, si l'on en retenoit à tort un seul en prison, & s'il se perdoit un seul procès avec une injustice évidente : car les conventions fondamentales étant enfreintes, on ne voit plus quel droit ni quel intérêt pourroit maintenir le peuple dans l'union sociale, à moins qu'il n'y fût retenu par la seule force qui fait la dissolution de l'état civil.

En effet, l'engagement du corps de la nation n'est-il pas de pourvoir à la conservation du dernier de ses membres avec autant de soin qu'à celle de tous les autres ? & le salut d'un citoyen est-il moins la cause commune que celui de tout l'Etat ? Qu'on nous dise qu'il est bon qu'un seul périsse pour tous, j'admirerai cette sentence dans la bouche d'un digne & vertueux patriote qui se consacre volontairement & par devoir à la mort pour le salut de son pays : mais si l'on entend qu'il soit permis au Gouvernement de sacrifier un innocent au salut de la multitude, je tiens cette maxime me pour une des plus exécrables que jamais la tyrannie ait inventée, la plus fausse qu'on puisse avancer, la plus dangereuse qu'on puisse admettre, & la plus directement opposée aux loix fondamentales de la société. Loin qu'un seul doive périr pour tous, tous ont engagé leurs biens & leurs vies à la defense de chacun d'eux, afin que la foiblesse particuliére fût toujours protégée par la force publique, & chaque membre par tout l'Etat. Après avoir par supposition retranché du peuple un individu après l'autre, pressez les partisans de cette maxime à mieux expliquer ce qu'ils entendent par le *corps de l'Etat*, & vous verrez qu'ils le réduiront à la fin à un petit nombre d'hommes qui ne sont pas le peuple, mais les officiers du peuple, & qui s'étant obligés par un serment particulier à périr eux-mêmes pour son salut, prétendent prouver par-là que c'est à lui de périr pour le leur.

Veut-on trouver des exemples de la protection que l'Etat doit à ses membres, & du respect qu'il doit à leurs personnes: ce n'est que chez les plus illustres & les plus courageuses nations de la terre qu'il faut les chercher, & il n'y a guère que les peuples libres où où l'on fache ce que vaut un homme. A Sparte, on fait en quelle perplexité fe trouvoit toute la République lorfqu'il étoit queſtion de punir un citoyen coupable. En Macédoine, la vie d'un homme étoit une affaire fi importante, que dans toute la grandeur d'*Alexandre*, ce puiſſant Monarque n'eût ofé de fang froid faire mourir un Macédonien criminel, que l'accufé n'eût comparu pour fe défendre devant fes concitoyens, & n'eût été condamné par eux. Mais les Romains fe diſtinguérent au-deſſus de tous les peuples de la terre par les égards du gouvernement pour les particuliers, & par fon attention fcrupuleufe à refpecter les droits inviolables de tous les membres de l'Etat. Il n'y avoit rien de fi facré que la vie des fimples citoyens; il ne falloit pas moins que l'aſſemblée de tout le peuple pour en condamner un : le Sénat même ni les Confuls, dans toute leur majeſté, n'en avoient pas le droit, & chez le plus puiſſant peuple du monde le crime & la peine d'un citoyen étoit une défolation publique; auſſi parut-il fi dur d'en verfer le fang pour quelque crime que ce pût être, que par la loi *Porcia*, la peine de mort fut commuée en celle de l'exil, pour tous ceux

qui

qui voudroient survivre à la perte d'une si douce patrie. Tout respiroit à Rome & dans les armées cet amour des concitoyens les uns pour les autres, & ce respect pour le nom Romain qui élevoit le courage & animoit la vertu de quiconque avoit l'honneur de le porter. Le chapeau d'un citoyen délivré d'esclavage, la couronne civique de celui qui avoit sauvé la vie à un autre, étoit ce qu'on regardoit avec le plus de plaisir dans la pompe des triomphes; & il est à remarquer que des couronnes dont on honoroit à la guerre les belles actions, il n'y avoit que la civique & celle des triomphateurs qui fussent d'herbe & de feuilles, toutes les autres n'étoient que d'or. C'est ainsi que Rome fut vertueuse, & devint la maitresse du monde. Chefs ambitieux! un pâtre gouverne ses chiens & ses troupeaux, & n'est que le dernier des hommes. S'il est beau de commander, c'est quand ceux qui nous obéissent peuvent nous honorer: respectez donc vos concitoyens, & vous vous rendrez respectables; respectez la liberté, & votre puissance augmentera tous les jours: ne passez jamais vos droits, & bien-tôt ils seront sans bornes.

Que

Que la patrie se montre donc la mére commune des citoyens, que les avantages dont ils joüissent dans leur pays le leur rende cher, que le gouvernement leur laisse assez de part à l'administration publique pour sentir qu'ils sont chez eux, & que les loix ne soient à leurs yeux que les garants de la commune liberté. Ces droits, tout beaux qu'ils sont, appartiennent à tous les hommes; mais sans paroitre les attaquer directement, la mauvaise volonté des Chefs en réduit aisément l'effet à rien. La loi dont on abuse sert à la fois au puissant d'arme offensive, & de bouclier contre le foible, & le prétexte du bien public est toujours le plus dangereux fleau du peuple. Ce qu'il y a de plus nécessaire, & peut-être de plus difficile dans le gouvernement, c'est une intégrité sévére à rendre justice à tous, & sur-tout à protéger le pauvre contre la tyrannie du riche. Le plus grand mal est déja fait, quand on a des pauvres à défendre & des riches à contenir. C'est sur la médiocrité seule que s'exerce toute la force des loix; elles sont également impuissantes contre les trésors du riche & contre la misére du pauvre; le premier les élude, le second leur échappe; l'un brise la toile, & l'autre passe au-travers.

C'est donc une des plus importantes affaires du gouvernement, de prévenir l'extrême inégalité des fortunes, non en enlevant les trésors à leurs possesseurs, mais en ôtant à tous les moyens d'en accumuler, ni en bâtissant des hôpitaux pour les pauvres, mais en garantissant les citoyens de le devenir. Les hommes inégalement distribués sur le territoire, & entassés dans un lieu tandis que les autres se dépeuplent; les arts d'agrément & de pure industrie favorisés aux dépens des métiers utiles & pénibles; l'agriculture sacrifiée au commerce; le publicain rendu nécessaire par la mauvaise administration des deniers de l'Etat; enfin la vénalité poussée à tel excès, que la considération se compte avec les pistoles, & que les vertus mêmes se vendent à prix d'argent: telles sont les causes les plus sensibles de l'opulence & de la misére, de l'intérêt public, de la haine mutuelle des citoyens, de leur indifférence pour la cause commune, de la corruption du peuple, & de l'affoiblissement de tous les ressorts du gouvernement. Tels sont par conséquent les maux qu'on guérit difficilement quand ils se font sentir, mais qu'une sage administration doit prévenir, pour maintenir avec

les

les bonnes mœurs le respect pour les loix, l'amour de la patrie, & la vigueur de la volonté générale.

Mais toutes ces précautions seront insuffisantes, si l'on ne s'y prend de plus loin encore. Je finis cette partie de l'*œconomie* publique, par où j'aurois dû la commencer. La patrie ne peut subsister sans la liberté, ni la liberté sans la vertu, ni la vertu sans les citoyens : vous aurez tout si vous formez des citoyens; sans cela vous n'aurez que de méchans esclaves, à commencer par les Chefs de l'Etat. Or former des citoyens n'est pas l'affaire d'un jour; & pour les avoir hommes, il faut les instruire enfans. Qu'on me dise que quiconque a des hommes à gouverner, ne doit pas chercher hors de leur nature une perfection dont ils ne sont pas susceptibles; qu'il ne doit pas vouloir détruire en eux les passions, & que l'exécution d'un pareil projet ne seroit pas plus désirable que possible. Je conviendrai d'autant mieux de tout cela, qu'un homme qui n'auroit point de passions seroit certainement un mauvais citoyen : mais il faut convenir aussi que si l'on n'apprend point aux hommes à n'aimer rien, il n'est pas impossible de leur apprendre à aimer un objet plutôt qu'un autre, & ce qui est véritablement beau, plûtôt que ce qui est difforme. Si, par exemple, on les exerce assez tôt à ne jamais regarder leur individu que par ses relations avec le corps de l'Etat, & à n'appercevoir, pour ainsi dire, leur propre existence que comme une partie de la sienne; ils pourront parvenir enfin à s'identifier en quelque sorte avec ce plus grand tout, à se sentir membres de la patrie, à l'aimer de ce sentiment exquis que tout homme isolé n'a que pour soi-même, à élever perpétuellement leur ame à ce grand objet, & à transformer ainsi en une vertu sublime, cette disposition dangereuse d'où naissent tous nos vices. Non-seulement la philosophie démontre la possibilité de ces nouvelles directions, mais l'histoire en fournit mille exemples éclatans: s'ils sont si rares parmi nous, c'est que personne ne se soucie qu'il y ait des citoyens, & qu'on s'avise encore moins de s'y prendre assez tôt pour les former. Il n'est plus de tems de changer nos inclinations naturelles quand elles ont pris leur cours, & que l'habitude s'est jointe à l'amour propre; il n'est plus tems de nous tirer hors de nous-mêmes, quand une fois le *moi humain* concentré dans nos cœurs

y

y a acquis cette méprisable activité qui absorbe toute vertu & fait la vie des petites ames. Comment l'amour de la patrie pourroit-il germer au milieu de tant d'autres paffions qui l'étouffent ? & que refte-t-il pour les concitoyens d'un cœur déja partagé entre l'avarice, une maitreffe, & la vanité ?

C'eft du premier moment de la vie, qu'il faut apprendre à mériter de vivre ; & comme on participe en naiffant aux droits des citoyens, l'inftant de notre naiffance doit être le commencement de l'exercice de nos devoirs. S'il y a des loix pour l'âge mûr, il doit y en avoir pour l'enfance, qui enfeignent à obéir aux autres ; & comme on ne laiffe pas la raifon de chaque homme unique arbitre de fes devoirs, on doit d'autant moins abandonner aux lumiéres & aux préjugés des péres l'éducation de leurs enfans, qu'elle importe à l'Etat encore plus qu'aux péres ; car felon le cours de la nature, la mort du pére lui dérobe fouvent les derniers fruits de cette éducation ; mais la patrie en fent tôt ou tard les effets ; l'Etat demeure, & la Famille fe diffout. Que fi l'autorité publique, en prenant la place des péres, & fe chargeant de cette importante fonction, acquiert leurs droits en remplissant leurs devoirs; ils ont d'autant moins sujet de s'en plaindre, qu'à cet égard ils ne font proprement que changer de nom, & qu'ils auront en commun, sous le nom de citoyens, la même autorité sur leurs enfans qu'ils exerçoient séparément sous le nom de *péres*, & n'en seront pas moins obéis en parlant au nom de la loi, qu'ils l'étoient en parlant au nom de la nature. L'éducation publique sous des régles prescrites par le gouvernement, & sous des Magistrats établis par le Souverain, est donc une des maximes fondamentales du gouvernement populaire ou légitime. Si les enfans sont élevés en commun dans le sein de l'égalité, s'ils sont imbus des loix de l'Etat & des maximes de la volonté générale, s'ils sont instruits à les respecter par dessus toutes choses, s'ils sont environnés d'exemples & d'objets qui leur parlent sans cesse de la tendre mére qui les nourrit, de l'amour qu'elle a pour eux, des biens inestimables qu'ils reçoivent d'elle, & du retour qu'ils lui doivent, ne doutons pas qu'ils n'apprennent ainsi à se chérir mutuellement comme des fréres, à ne vouloir jamais que ce que veut la Société, à substituer des actions d'hommes & de citoyens

ens au stérile & vain babil des sophistes, & à devenir un jour les défenseurs & les péres de la patrie dont ils auront été si long-tems les enfans.

Je ne parlerai point des Magistrats destinés à présider à cette éducation, qui certainement est la plus importante affaire de l'Etat. On sent que si de telles marques de la confiance publique étoient légérement accordées, si cette fonction sublime n'étoit pour ceux qui auroient dignement rempli toutes les autres le prix de leurs travaux, l'honorable & doux repos de leur vieillesse, & le comble de tous les honneurs, toute l'entreprise seroit inutile & l'éducation sans succès; car par-tout où la leçon n'est pas soutenuë par l'autorité, & le précepte par l'exemple, l'instruction demeure sans fruits, & la vertu même perd son crédit dans la bouche de celui qui ne la pratique pas. Mais que des guerriers illustres courbés sous le faix de leurs lauriers prêchent le courage; que des Magistrats intégres, blanchis dans la pourpre & sur les tribunaux, enseignent la justice; les uns & les autres se formeront ainsi de vertueux successeurs, & transmettront d'âge en âge aux générations suivantes, l'expérience & les talens des Chefs, le courage &

la

la vertu des citoyens, & l'émulation commune à tous de vivre & de mourir pour la patrie.

Je ne fache que trois peuples qui ayent autrefois pratiqué l'éducation publique; fçavoir les Crétois, les Lacédémoniens, & les anciens Perfes : chez tous les trois elle eut le plus grand fuccès, & fit des prodiges chez les deux derniers. Quand le monde s'eft trouvé divifé en nations trop grandes pour pouvoir être bien gouvernées, ce moyen n'a plus été praticable; & d'autres raifons que le lecteur peut voir aifément, ont encore empêché qu'il n'ait été tenté chez aucun peuple moderne. C'eft une chofe très-remarquable que les Romains ayent pû s'en paffer; mais Rome fut durant cinq cents ans un miracle continuel, que le monde ne doit plus efpérer de revoir. La vertu des Romains engendrée par l'horreur de la tyrannie & des crimes des tyrans, & par l'amour inné de la patrie, fit de toutes leurs maifons autant d'écoles de citoyens; & le pouvoir fans bornes des péres fur leurs enfans, mit tant de févérité dans la police particuliére, que le pére, plus craint que les Magiftrats, étoit dans fon tribunal domeftique le cenfeur des mœurs & le vengeur des loix.

C'eft ainfi qu'un gouvernement attentif &
bien

bien intentionné, veillant sans cesse à maintenir ou rappeller chez le peuple l'amour de la patrie, & les bonnes mœurs, prévient de loin les maux qui résultent tôt ou tard de l'indifférence des citoyens pour le sort de la République, & contient dans d'étroites bornes cet intérêt personnel, qui isole tellement les particuliers, que l'Etat s'affoiblit par leur puissance & n'a rien à espérer de leur bonne volonté. Par-tout où le peuple aime son pays, respecte les loix, & vit simplement, il reste peu de chose à faire pour le rendre heureux; & dans l'administration publique où la fortune a moins de part qu'au sort des particuliers, la sagesse est si près du bonheur que ces deux objets se confondent.

III. Ce n'est pas assez d'avoir des citoyens & de les protéger; il faut encore songer à leur subsistance; & pourvoir aux besoins publics, est une suite évidente de la volonté générale, & le troisiéme devoir essentiel du gouvernement. Ce devoir n'est pas, comme on doit le sentir, de remplir les greniers des particuliers & les dispenser du travail, mais maintenir l'abondance tellement à leur portée, que pour l'acquérir le travail soit toujours nécessaire & ne soit inutile. Il s'étend aussi à toutes les opérations qui regardent l'entretien du fisc,

&

& les dépenses de l'administration publique. Ainsi, après avoir parlé de l'*œconomie* générale par rapport au gouvernement des personnes, il nous reste à la considérer par rapport à l'administration des biens.

Cette partie n'offre pas moins de difficultés à résoudre, ni de contradictions à lever, que la précédente. Il est certain que le droit de propriété est le plus sacré de tous les droits des citoyens, & plus important à certains égards que la liberté même ; soit parce qu'il tient de plus près à la conservation de la vie ; soit parce que les biens étant plus faciles à usurper & plus pénibles à défendre que la personne, on doit plus respecter ce qui se peut ravir plus aisément ; soit enfin parce que la propriété est le vrai fondement de la société civile, & le vrai garant des engagemens des citoyens : car si les biens ne répondoient pas des personnes, rien ne seroit si facile que d'éluder ses devoirs & de se moquer des loix. D'un autre côté, il n'est pas moins sûr que le maintien de l'Etat & du gouvernement exige des fraix & de la dépense ; & comme quiconque accorde la fin ne peut refuser les moyens, il s'ensuit que les membres de la société doivent contribuer de leurs biens à son entretien. De plus, il est
dif-

difficile d'affûrer d'un côté la propriété des particuliers fans l'attaquer d'un autre, & il n'eft pas poffible que tous les réglemens qui regardent l'ordre des fucceffions, les teftamens, les contrats, ne gênent les citoyens à certains égards fur la difpofition de leur propre bien, & par conféquent fur leur droit de propriété.

Mais outre ce que j'ai dit ci-devant de l'accord qui régne entre l'autorité de la loi & la liberté du citoyen, il y a par rapport à la difpofition des biens une remarque importante à faire, qui léve bien des difficultés. C'eft, comme l'a montré *Puffendorff*, que par la nature du droit de propriété, il ne s'étend point au-delà de la vie du propriétaire, & qu'à l'inftant qu'un homme eft mort, fon bien ne lui appartient plus. Ainfi lui prefcrire les conditions fous lefquelles il en peut difpofer, c'eft au fond moins altérer fon droit en apparence, que l'étendre en effet.

En général, quoique l'inftitution des loix qui réglent le pouvoir des particuliers dans la difpofition de leur propre bien n'appartienne qu'au Souverain, l'efprit de ces loix que le gouvernement doit fuivre dans leur application, eft que de pére en fils & de proche en proche, les biens de la famille en fortent

tent & s'aliénent le moins qu'il est possible. Il y a une raison sensible de ceci en faveur des enfans, à qui le droit de propriété seroit fort inutile, si le pére ne leur laissoit rien, & & qui de plus ayant souvent contribué par leur travail à l'acquisition des biens du pére, sont de leur chef associés à son droit. Mais une autre raison plus éloignée & non moins importante, est que rien n'est plus funeste aux mœurs & à la République, que les changemens continuels d'état & de fortune entre les citoyens; changemens qui sont la preuve & la source de mille désordres, qui bouleversent & confondent tout, & par lesquels ceux qui sont élevés pour une chose, se trouvant destinés pour une autre, ni ceux qui montent ni ceux qui descendent ne peuvent prendre les maximes ni les lumiéres convenables à leur nouvel état, & beaucoup moins en remplir les devoirs. Je passe à l'objet des finances publiques.

Si le peuple se gouvernoit lui-même, & qu'il n'y eût rien d'intermédiaire entre l'administration de l'Etat & les citoyens, ils n'auroient qu'à se cottiser dans l'occasion, à proportion des besoins publics & des facultés des particuliers; & comme chacun ne perdroit jamais

jamais de vuë le recouvrement ni l'emploi des deniers, il ne pourroit se glisser ni fraude, ni abus dans leur maniement: l'Etat ne seroit jamais obéré de dettes, ni le peuple accablé d'impôts, ou du moins la sureté de l'emploi le consoleroit de la dureté de la taxe. Mais les choses ne sauroient aller ainsi: & quelque borné que soit un Etat, la Société civile y est toujours trop nombreuse pour pouvoir être gouvernée par tous ses membres. Il faut nécessairement que les deniers publics passent par les mains des Chefs, lesquels, outre l'intérêt de l'Etat, ont tous le leur particulier, qui n'est pas le dernier écouté. Le peuple de son côté, qui s'aperçoit plutôt de l'avidité des Chefs, & de leurs folles dépenses, que des besoins publics, murmure de se voir dépouiller du nécessaire pour fournir au superflu d'autrui; & quand une fois ces manœuvres l'ont aigri jusqu'à certain point, la plus intégre administration ne viendroit pas à bout de rétablir la confiance. Alors, si les contributions sont volontaires, elles ne produisent rien; si elles sont forcées, elles sont illégitimes; & c'est dans cette cruelle alternative de laisser périr l'Etat ou d'attaquer le droit sacré de la propriété,

priété, qui en est le soutien, que consiste la difficulté d'une juste & sage *œconomie*.

La premiére chose que doit faire, après l'établissement des loix, l'instituteur d'une République, c'est de trouver un fonds suffisant pour l'entretien des Magistrats, & autres officiers, & pour toutes les dépenses publiques. Ce fonds s'appelle *ærarium* ou *fisc*, s'il est en argent; *domaine public*, s'il est en terres; & ce dernier est de beaucoup préférable à l'autre, par des raisons faciles à voir. Quiconque aura suffisamment réfléchi sur cette matiére, ne pourra guère être à cet égard d'un autre avis que *Bodin*, qui regarde le domaine public comme le plus honnête & le plus sûr de tous les moyens de pourvoir aux besoins de l'Etat; & il est à remarquer que le premier soin de *Romulus* dans la division des terres, fut d'en destiner le tiers à cet usage. J'avoüe qu'il n'est pas impossible que le produit du domaine mal administré, se réduise à rien; mais il n'est pas de l'essence du domaine d'être mal administré.

Préalablement à tout emploi, ce fonds doit être assigné ou accepté par l'assemblée du peuple ou des Etats du païs, qui doit ensuite en déterminer l'usage. Après cette solennité, qui rend ces fonds inaliénables, ils changent, pour ainsi

ainsi dire, de nature, & leurs revenus deviennent tellement sacrés, que c'est non seulement le plus infame de tous les vols, mais un crime de léze-majesté, que d'en détourner la moindre chose au préjudice de leur destination. C'est un grand deshonneur pour Rome, que l'intégrité du Questeur *Caton* y ait été un sujet de remarque, & qu'un Empereur recompensant de quelques écus le talent d'un chanteur, ait eu besoin d'ajouter que cet argent venoit du bien de sa famille, & non de celui de l'Etat. Mais s'il se trouve peu de *Galba*, où chercherons-nous des *Catons* ? & quand une fois le vice ne deshonorera plus, quels seront les Chefs assez scrupuleux pour s'abstenir de toucher aux revenus publics abandonnés à leur discrétion, & pour ne pas s'en imposer bientôt à eux-mêmes, en affectant de confondre leurs vaines & scandaleuses dissipations avec la gloire de l'Etat, & les moyens d'étendre leur autorité, avec ceux d'augmenter sa puissance? C'est sur-tout en cette délicate partie de l'administration, que la vertu est le seul instrument efficace, & que l'intégrité du Magistrat est le seul frein capable de contenir son avarice. Les Livres & tous les comptes des Régisseurs servent moins à décéler leurs infi-

D   dé-

délités, qu'à les couvrir; & la prudence n'est jamais auffi promte à imaginer de nouvelles précautions, que la friponnerie à les éluder. Laiffez donc les régiftres & papiers, & remettez les finances en des mains fidéles; c'eft le feul moyen qu'elles foient fidélement régies.

Quand une fois les fonds publics font établis, les Chefs de l'Etat en font de droit les adminiftrateurs; car cette adminiftration fait une partie du gouvernement, toujours effentielle, quoique non toujours également : fon influence augmente à mefure que celle des autres refforts diminue; & l'on peut dire qu'un gouvernement eft parvenu à fon dernier degré de corruption, quand il n'a plus d'autre nerf que l'argent : or comme tout gouvernement tend fans ceffe au relâchement, cette feule raifon montre pourquoi nul Etat ne peut fubfifter fi fes revenus n'augmentent fans ceffe.

Le premier fentiment de la néceffité de cette augmentation, eft auffi le premier figne du défordre intérieur de l'Etat; & le fage adminiftrateur en fongeant à trouver de l'argent pour pourvoir au befoin préfent, ne néglige pas de rechercher la caufe éloignée de ce nouveau befoin : comme un marin voyant l'eau gagner fon vaiffeau, n'oublie pas en faifant

joüer

joüer les pompes, de faire auffi chercher & boucher la voye.

De cette régle découle la plus importante maxime de l'adminiftration des Finances, qui eft de travailler avec beaucoup plus de foin à prévenir les befoins, qu'à augmenter les revenus ; de quelque diligence qu'on puiffe ufer, le fecours qui ne vient qu'après le mal, & plus lentement, laiffe toujours l'Etat en fouffrance : tandis qu'on fonge à remédier à un inconvénient, un autre fe fait déja fentir, & les reffources mêmes produifent de nouveaux inconvéniens ; de forte qu'à la fin la Nation s'obére, le peuple eft foulé, le gouvernement perd toute fa vigueur, & ne fait plus que peu de chofe avec beaucoup d'argent. Je crois que de cette grande maxime bien établie, découloient les prodiges des gouvernemens anciens, qui faifoient plus avec leur parfimonie, que les nôtres avec tous leurs tréfors ; & c'eft peut-être de là qu'eft derivée l'acception vulgaire du mot d'*œconomie*, qui s'entend plutôt du fage ménagement de ce qu'on a, que des moyens d'acquerir ce que l'on n'a pas.

Indépendamment du domaine public, qui rend à l'Etat à proportion de la probité de ceux qui le régiffent, fi l'on connoiffoit affez toute la force de l'adminiftration générale, fur-tout quand elle fe borne aux moyens légitimes, on feroit étonné des reffources qu'ont les Chefs pour prévenir tous les befoins publics, fans toucher aux biens des particuliers. Comme ils font les maitres de tout le commerce de l'Etat, rien ne leur eft fi facile que de le diriger d'une maniére qui pourvoye à tout, fouvent fans qu'ils paroiffent s'en mêler. La diftribution des denrées, de l'argent & des marchandifes par de juftes proportions, felon les tems & les lieux, eft le vrai fecret des finances, & la fource de leurs richeffes, pourvu que ceux qui les adminiftrent fachent porter leur vuë affez loin, & faire dans l'occafion une perte apparente & prochaine, pour avoir réellement des profits immenfes dans un tems éloigné. Quand on voit un gouvernement payer des droits, loin d'en recevoir, pour la fortie des bleds dans les années d'abondance, & pour leur introduction dans les années de difette, on a befoin d'avoir de tels faits fous les yeux pour les croire véritables, & on les mettroit au rang des romans, s'ils fe fuffent paffés anciennement. Supofons que pour prévenir la difette dans les mauvaifes années, on

pro-

proposât d'établir des magasins publics, dans combien de pays l'entretien d'un établissement si utile ne serviroit-il pas de prétexte à de nouveaux impots ? A Genéve ces greniers établis & entretenus par une sage administration, font la ressource publique dans les mauvaises années, & le principal revenu de l'Etat dans tous les tems; *Alit & ditat*, c'est la belle & juste inscription qu'on lit sur la façade de l'édifice. Pour exposer ici le systême économique d'un bon gouvernement, j'ai souvent tourné les yeux sur celui de cette République : heureux de trouver ainsi dans ma patrie l'exemple de la sagesse & du bonheur que je voudrois voir régner dans tous les pays.

Si l'on examine comment croissent les besoins d'un Etat, on trouvera que souvent cela arrive à peu près comme chez les particuliers, moins par une véritable nécessité que par un accroissement de desirs inutiles, & que souvent on n'augmente la dépense que pour avoir un prétexte d'augmenter la recette ; de sorte que l'Etat gagneroit quelquefois à se passer d'être riche, & que cette richesse apparente lui est au fond plus onereuse que ne seroit la pauvreté même. On peut espérer, il est vrai, de tenir les peuples dans une dépendance plus étroite, en leur donnant d'une main ce qu'on leur a pris de l'autre, & ce fut la politique dont ufa *Jofeph* avec les Egyptiens; mais ce vain fophifme eft d'autant plus funefte à l'Etat, que l'argent ne rentre plus dans les mêmes mains d'où il eft forti, & qu'avec de pareilles maximes on n'enrichit que des fainéans de la dépouille des hommes utiles.

Le gout des conquêtes eft une des caufes les plus fenfibles & les plus dangereufes de cette augmentation. Ce gout, engendré fouvent par une autre efpéce d'ambition que celle qu'il femble annoncer, n'eft pas toujours ce qu'il paroit être, & n'a pas tant pour véritable motif le defir aparent d'agrandir la nation, que le defir caché d'augmenter au dedans l'autorité des Chefs, à l'aide de l'augmentation des troupes, & à la faveur de la diverfion que font les objets de la guerre dans l'efprit des citoyens.

Ce qu'il y a du moins de très certain, c'eft que rien n'eft fi foulé ni fi miférable que les peuples conquérans, & que leurs fuccès même ne font qu'augmenter leurs miféres: quand l'hiftoire ne nous l'apprendroit pas, la raifon fuffiroit pour nous démontrer que plus un Etat

eft

est grand, & plus les dépenses y deviennent proportionnellement fortes & onéreuses ; car il faut que toutes les provinces fournissent leur contingent, aux frais de l'administration générale, & que chacune outre cela fasse pour la sienne particuliére, la même dépense que si elle étoit indépendante. Ajoutez que toutes les fortunes se font dans un lieu & se consument dans un autre ; ce qui rompt bientôt l'équilibre du produit & de la consommation, & appauvrit beaucoup de pays pour enrichir une seule ville.

Autre source de l'augmentation des besoins publics, qui tient à la précédente. Il peut venir un tems où les citoyens ne se regardant plus comme intéressés à la cause commune, cesseroient d'être les défenseurs de la patrie, & où les Magistrats aimeroient mieux commander à des mercenaires qu'à des hommes libres, ne fût-ce qu'afin d'employer en tems & lieu les premiers pour mieux assujettir les autres. Tel fut l'état de Rome sur la fin de la République & sous les Empereurs ; car toutes les victoires des premiers Romains, de même que celles d'*Alexandre*, avoient été remportées par de braves citoyens, qui savoient donner au besoin leur sang pour la patrie, mais qui ne le vendoient jamais. Ce ne fut qu'au siége de Veies qu'on commença de payer l'Infanterie Romaine. *Marius* fut le premier qui dans la guerre de *Jugurtha* deshonora les légions, en y introduisant des affranchis, des vagabonds & autres mercenaires. Devenus les ennemis des peuples qu'ils s'étoient chargés de rendre heureux, les tyrans établirent des troupes réglées, en apparence pour contenir l'étranger, & en effet pour opprimer l'habitant. Pour former ces troupes, il falut enlever à la terre des cultivateurs, dont le défaut diminua la quantité des denrées, & dont l'entretien introduisit des impôts qui en augmentérent le prix. Ce premier désordre fit murmurer les peuples: il fallut pour les reprimer multiplier les troupes, & par conséquent la misere; & plus le désespoir augmentoit, & plus l'on se voyoit contraint de l'augmenter encore pour en prévenir les effets. D'un autre côté ces mercenaires, qu'on pouvoit estimer sur le prix auquel ils se vendoient eux-mêmes, fiers de leur avilissement, méprisant les loix dont ils étoient protégés, & leurs freres dont ils mangeoient le pain, se crurent plus honorés d'être les satellites de *César* que les défenseurs de Rome; & dévoüés à une obéïssance aveugle,

gle, tenoient par état le poignard levé fur leurs concitoyens, prêts à tout égorger au premier fignal. Il ne feroit pas difficile de montrer que ce fut là une des principales caufes de la ruine de l'Empire Romain.

L'invention de l'artillerie & des fortifications a forcé de nos jours les Souverains de l'Europe à rétablir l'ufage des troupes réglées, pour garder leurs places; mais avec des motifs plus légitimes, il eft à craindre que l'effet n'en foit également funefte. Il n'en faudra pas moins dépeupler les campagnes pour former les armées & les garnifons; pour les entretenir il n'en faudra pas moins fouler les peuples; & ces dangereux établiffemens s'accroiffent depuis quelque tems avec une telle rapidité dans tous nos climats, qu'on n'en peut prévoir que la dépopulation prochaine de l'Europe, & tôt ou tard la ruine des peuples qui l'habitent.

Quoi qu'il en foit, on doit voir que de telles inftitutions renverfent néceffairement le vrai fyftême économique qui tire le principal revenu de l'Etat du Domaine public, & ne laiffe que la reffource fâcheufe des fubfides & impôts, dont il me refte à parler.

Il faut fe reffouvenir ici que le fondement
du

du pacte social est la propriété, & sa première condition, que chacun soit maintenu dans la paisible joüissance de ce qui lui appartient. Il est vrai que par le même traité chacun s'oblige, au moins tacitement, à se cottiser dans les besoins publics; mais cet engagement ne pouvant nuire à la loi fondamentale, & supposant l'évidence du besoin reconnuë par les contribuables, on voit que pour être légitime, cette cottisation doit être volontaire, non d'une volonté particuliére, comme s'il étoit nécessaire d'avoir le consentement de chaque citoyen, & qu'il ne dût fournir que ce qu'il lui plait, ce qui seroit directement contre l'esprit de la confédération, mais d'une volonté générale à la pluralité des voix, & sur un tarif proportionnel qui ne laisse rien d'arbitraire à l'imposition.

Cette vérité que les impôts ne peuvent être établis légitimement que du consentement du peuple ou de ses représentans, a été reconnuë généralement de tous les philosophes & jurisconsultes qui se sont acquis quelque réputation dans les matiéres de droit politique, sans en excepter *Bodin* même. Si quelques-uns ont établi des maximes contraires en apparence, outre qu'il est aisé de voir les motifs particuliers

SUR L'ŒCONOMIE POLIT. 59

culiers qui les y ont portés, ils y mettent tant de conditions & de reftrictions, qu'au fond la chofe revient exactement au même : car que le peuple puiffe refufer, ou que le Souverain ne doive pas exiger, cela eft indifférent quant au droit; & s'il n'eft queftion que de la force, c'eft la chofe la plus inutile que d'examiner ce qui eft légitime ou non.

Les contributions qui fe lévent fur le peuple font de deux fortes; les unes réelles, qui fe perçoivent fur les chofes; les autres perfonnelles, qui fe payent par tête. On donne aux unes & aux autres les noms d'*impôts* ou de *fubfides* : quand le peuple fixe la fomme qu'il accorde, elle s'appelle *fubfide*; quand il accorde tout le produit d'une taxe, alors c'eft un *impôt*. On trouve dans le livre de *l'Efprit des Loix*, que l'impofition par tête eft plus propre à la fervitude, & la taxe réelle plus convenable à la liberté. Cela feroit inconteftable, fi les contingens par tête étoient égaux; car il n'y auroit rien de plus difproportionné qu'une pareille taxe, & c'eft fur-tout dans les proportions exactement obfervées, que confifte l'efprit de la liberté. Mais fi la taxe par tête eft exactement proportionnée aux moyens des particuliers, comme pourroit être celle

qui

qui porte en France le nom de *capitation*, & qui de cette maniére est à la fois réelle & personnelle, elle est la plus équitable, & par conséquent la plus convenable à des hommes libres. Ces proportions paroissent d'abord très faciles à observer, parce qu'étant rélatives à l'état que chacun tient dans le monde, les indications sont toujours publiques; mais outre que l'avarice, le crédit & la fraude savent éluder jusques à l'évidence, il est rare que l'on tienne compte dans ces calculs, de tous les élémens qui doivent y entrer. Premièrement on doit considérer le rapport des quantités, selon lequel, toutes choses égales, celui qui a dix fois plus de bien qu'un autre, doit payer dix fois plus que lui. Secondement, le rapport des usages, c'est-à-dire, la distinction du nécessaire & du superflu. Celui qui n'a que le simple nécessaire, ne doit rien payer du tout; la taxe de celui qui a du superflu, peut aller au besoin jusques à la concurrence de tout ce qui excéde son nécessaire. A cela il dira qu'eu égard à son rang, ce qui seroit superflu pour un homme inférieur, est nécessaire pour lui; mais c'est un mensonge: car un Grand a deux jambes, ainsi qu'un bouvier,

vier, & n'a qu'un ventre non plus que lui. De plus ce prétendu nécessaire est si peu nécessaire à son rang, que s'il savoit y renoncer pour un sujet loüable, il n'en seroit que plus respecté. Le peuple se prosterneroit devant un Ministre qui iroit au Conseil à pié, pour avoir vendu ses carosses dans un pressant besoin de l'Etat. Enfin la loi ne prescrit la magnificence à personne, & la bienséance n'est jamais une raison contre le droit.

Un troisiéme rapport, qu'on ne compte jamais, & qu'on devroit toujours compter le premier, est celui des utilités que chacun retire de la confédération sociale, qui protége fortement les immenses possessions du riche, & laisse à peine un misérable joüir de la chaumiére qu'il a construite de ses mains. Tous les avantages de la société ne sont-ils pas pour les puissans & les riches? tous les emplois lucratifs ne sont-ils pas remplis par eux seuls? toutes les graces, toutes les exemptions ne leur sont-elles pas réservées? & l'autorité publique n'est-elle pas toute en leur faveur? Qu'un homme de considération vole ses créanciers, ou fasse d'autres friponneries, n'est-il pas toujours sûr de l'impunité? Les

coups

coups de bâton qu'il diftribue, les violences qu'il commet, les meurtres mêmes & les affaffinats dont il fe rend coupable, ne font-ce pas des affaires qu'on affoupit, & dont au bout de fix mois il n'eft plus queftion ? Que ce même homme foit volé, toute la police eft auffi-tôt en mouvement, & malheur aux innocens qu'il foupçonne. Paffe-t-il dans un lieu dangereux ? voilà les efcortes en campagne : l'effieu de fa chaife vient-il à fe rompre ? tout vole à fon fecours : fait-on du bruit à fa porte ? il dit un mot, & tout fe tait : la foule l'incommode-t-elle ? il fait un figne, & tout fe range : un charretier fe trouve-t-il fur fon paffage ? fes gens font prêts à l'affommer ; & cinquante honnêtes piétons allant à leurs affaires feroient plutôt écrafés, qu'un faquin oifif retardé dans fon équipage. Tous ces égards ne lui coutent pas un fou ; ils font le droit de l'homme riche, & non le prix de la richeffe. Que le tableau du pauvre eft différent ! plus l'humanité lui doit, plus la fociété lui refufe : toutes les portes lui font fermées, même quand il a le droit de les faire ouvrir : & fi quelquefois il obtient juftice, c'eft avec plus de peine qu'un autre n'obtiendroit grace : s'il y a des corvées à faire, une milice à tirer,

c'eft

c'est à lui qu'on donne la préférence ; il porte toujours, outre sa charge, celle dont son voisin plus riche a le crédit de se faire exempter : au moindre accident qui lui arrive, chacun s'éloigne de lui : si sa pauvre charrette renverse, loin d'être aidé par personne, je le tiens heureux s'il évite en passant les avanies des gens lestes d'un jeune Duc : en un mot, toute assistance gratuite le fuit au besoin, précisément parce qu'il n'a pas de quoi la payer ; mais je le tiens pour un homme perdu, s'il a le malheur d'avoir l'ame honnête, une fille aimable, & un puissant voisin.

Une autre attention non moins importante à faire, c'est que les pertes des pauvres sont beaucoup moins réparables que celles du riche, & que la difficulté d'acquérir croit toujours en raison du besoin. On ne fait rien avec rien ; cela est vrai dans les affaires comme en Physique : l'argent est la semence de l'argent, & la première pistole est quelquefois plus difficile à gagner que le second million. Il y a plus encore : c'est que tout ce que le pauvre paye, est à jamais perdu pour lui, & reste ou revient dans les mains du riche ; & comme c'est aux seuls hommes qui

ont

ont part au gouvernement, ou à ceux qui en approchent, que passe tôt ou tard le produit des impôts, ils ont, même en payant leur contingent, un intérêt sensible à les augmenter.

Résumons en quatre mots le pacte social des deux états. *Vous avez besoin de moi, car je suis riche & vous êtes pauvre; faisons donc un accord entre nous : je permettrai que vous ayez l'honneur de me servir, à condition que vous me donnerez le peu qui vous reste, pour la peine que je prendrai de vous commander.*

Si l'on combine avec soin toutes ces choses, on trouvera que pour repartir les taxes d'une maniére équitable & vraiment proportionnelle, l'imposition n'en doit pas être faite seulement en raison des biens des contribuables, mais en raison composée de la différence de leurs conditions & du superflu de leurs biens. Opération très importante & très difficile que font tous les jours des multitudes de Commis honnêtes gens & qui savent l'arithmétique, mais dont les *Platons* & les *Montesquieux* n'eussent osé se charger qu'en tremblant & en demandant au Ciel des lumiéres & de l'intégrité.

Un autre inconvénient de la taxe personnelle, c'est de se faire trop sentir, & d'être levée avec

avec trop de dureté, ce qui n'empêche pas qu'elle ne soit sujette à beaucoup de non-valeurs, parce qu'il est plus aisé de dérober au rôle & aux poursuites sa tête que ses possessions.

De toutes les autres impositions, le cens sur les terres ou la taille réelle a toujours passé pour la plus avantageuse dans les pays où l'on a plus d'égard à la quantité du produit & à la sûreté du recouvrement, qu'à la moindre incommodité du peuple. On a même osé dire qu'il falloit charger le Paysan pour éveiller sa paresse, & qu'il ne feroit rien, s'il n'avoit rien à payer. Mais l'expérience dément chez tous les peuples du monde cette maxime ridicule : c'est en Hollande, en Angleterre, où le cultivateur paye très peu de chose, & sur-tout à la Chine, où il ne paye rien, que la terre est le mieux cultivée. Au contraire, par-tout où le Laboureur se voit chargé à proportion du produit de son champ, il le laisse en friche, ou n'en retire exactement que ce qu'il lui faut pour vivre. Car pour qui perd le fruit de sa peine, c'est gagner que de ne rien faire; & mettre le travail à l'amende, est un moyen fort singulier de bannir la paresse.

E De

De la taxe sur les terres ou sur le bled, sur-tout quand elle est excessive, résultent deux inconvéniens si terribles, qu'ils doivent dépeupler & ruiner à la longue tous les pays où elle est établie.

Le premier vient du défaut de circulation des espéces; car le commerce & l'industrie attirent dans les Capitales tout l'argent de la campagne : & l'impôt détruisant la proportion qui pouvoit se trouver encore entre les besoins du laboureur & le prix de son bled, l'argent vient sans cesse & ne retourne jamais; plus la ville est riche, plus le pays est misérable. Le produit des tailles passe des mains du Prince ou des financiers dans celles des artistes & des marchands; & le cultivateur qui n'en reçoit jamais que la moindre partie, s'épuise enfin en payant toujours également & recevant toujours moins. Comment voudroit-on que pût vivre un homme qui n'auroit que des veines & point d'artéres, ou dont les artéres ne porteroient le sang qu'à quatre doigts du cœur? *Chardin* dit qu'en Perse les droits du Roi sur les denrées se payent aussi en denrées; cet usage, qu'*Hérodote* témoigne avoir autrefois été pratiqué dans le même pays jusqu'à *Darius*,

peut

peut prévenir le mal dont je viens de parler. Mais à moins qu'en Perfe les Intendans, Directeurs, Commis, & Gardes-magafins ne foient une autre efpéce de gens que par-tout ailleurs, j'ai peine à croire qu'il arrive jufqu'au Roi la moindre chofe de tous ces produits, que les bleds ne fe gâtent pas dans tous les greniers, & que le feu ne confume pas la plupart des magafins.

Le fecond inconvénient vient d'un avantage aparent, qui laiffe aggraver les maux avant qu'on les aperçoive. C'eft que le bled eft une denrée que les impôts ne renchériffent point dans le pays qui la produit, & dont, malgré fon abfoluë néceffité, la quantité diminuë, fans que le prix en augmente; ce qui fait que beaucoup de gens meurent de faim, quoique le bled continue d'être à bon marché, & que le laboureur refte feul chargé de l'impôt qu'il n'a pû défalquer fur le prix de la vente. Il faut bien faire attention qu'on ne doit pas raifonner de la taille réelle comme des droits fur toutes les marchandifes qui en font hauffer le prix, & font ainfi payés moins par les marchands que par les acheteurs. Car ces droits, quelque forts qu'ils puiffent être, font pourtant volontaires, & ne font payés par le marchand qu'à proportion des marchandifes qu'il achéte; & comme il n'achéte qu'à proportion de fon débit, il fait la loi au particulier. Mais le laboureur qui, foit qu'il vende ou non, eft contraint de payer à des termes fixes pour le terrain qu'il cultive, n'eft pas le maitre d'attendre qu'on mette à fa denrée le prix qu'il lui plait : & quand il ne la vendroit pas pour s'entretenir, il feroit forcé de la vendre pour payer la taille, de forte que c'eft quelquefois l'énormité de l'impofition qui maintient la denrée à vil prix.

Remarquez encore que les reffources du commerce & de l'induftrie, loin de rendre la taille plus fupportable par l'abondance de l'argent, ne la rendent que plus onereufe. Je n'infifterai point fur une chofe très évidente, favoir que fi la plus grande ou moindre quantité d'argent dans un Etat, peut lui donner plus ou moins de crédit au déhors, elle ne change en aucune maniére la fortune réelle des citoyens, & ne les met ni plus ni moins à leur aife. Mais je ferai ces deux remarques importantes; l'une, qu'à moins que l'Etat n'ait des denrées fuperfluës & que l'abondance de

l'arl'argent ne vienne de leur débit chez l'étranger, les villes où se fait le commerce, se sentent seules de cette abondance, & que le paysan ne fait qu'en devenir rélativement plus pauvre; l'autre, que le prix de toutes choses haussant avec l'augmentation de l'argent, il faut aussi que les impôts haussent à proportion; de sorte que le laboureur se trouve plus chargé sans avoir plus de ressources.

On doit voir que la taille sur les terres est un véritable impôt sur leur produit. Cependant chacun convient que rien n'est si dangereux qu'un impôt payé par l'acheteur : comment ne voit-on pas que le mal est cent fois pire quand cet impôt est payé par le cultivateur même ? N'est-ce pas attaquer la subsistance de l'Etat jusques dans sa source? N'est-ce pas travailler aussi directement qu'il est possible à dépeupler le pays, & par conséquent à le ruiner à la longue ? car il n'y a point pour une nation de pire disette que celle des hommes.

Il n'appartient qu'au véritable homme d'Etat d'élever ses vues dans l'assiette des impôts, plus haut que l'objet des finances, de transformer des charges onéreuses en d'utiles réglemens de police, & de faire douter au peuple si de tels établissemens n'ont pas eu pour fin le bien de la Nation plutôt que le produit des taxes.

Les droits sur l'importation des marchandises étrangéres dont les habitans sont avides sans que le pays en ait besoin, sur l'exportation de celles du cru du pays dont il n'a pas de trop & dont les étrangers ne peuvent se passer, sur les productions des arts inutiles & trop lucratifs, sur les entrées dans les villes des choses de pur agrément, & en général sur tous les objets du luxe, rempliront tout ce double objet. C'est par de tels impôts, qui soulagent la pauvreté, & chargent la richesse, qu'il faut prévenir l'augmentation continuelle de l'inégalité des fortunes, l'asservissement aux riches d'une multitude d'ouvriers & de serviteurs inutiles, la multiplication des gens oisifs dans les villes, & la désertion des campagnes.

Il est important de mettre entre le prix des choses & les droits dont on les charge, une telle proportion, que l'avidité des particuliers ne soit point trop portée à la fraude par la grandeur des profits. Il faut encore prévenir la facilité de la contrebande, en préférant les

mar-

marchandises les moins faciles à cacher. Enfin il convient que l'impôt soit payé par celui qui employe la chose taxée, plutôt que par celui qui la vend, auquel la quantité des droits dont il se trouveroit chargé, donneroit plus de tentations, & de moyens de les frauder. C'est l'usage constant de la Chine, le pays du monde où les impôts sont les plus forts, & les mieux payés: le marchand ne paye rien; l'acheteur seul acquitte le droit, sans qu'il en résulte ni murmures ni séditions; parce que les denrées nécessaires à la vie, telles que le ris & le bled, étant absolument franches, le peuple n'est point foulé, & l'impôt ne tombe que sur les gens aisés. Au reste toutes ces précautions ne doivent pas tant être dictées par la crainte de la contrebande, que par l'attention que doit avoir le Gouvernement à garantir les particuliers de la séduction des profits illégitimes, qui, après en avoir fait de mauvais citoyens, ne tarderoit pas d'en faire de malhonnêtes gens.

Qu'on établisse de fortes taxes sur la livrée, sur les équipages, sur les glaces, lustres, & ameublemens, sur les étoffes & la dorure, sur les cours & jardins des hôtels, sur les spectacles

tacles de toute espéce, sur les professions oiseuses, comme baladins, chanteurs, histrions & en un mot sur cette foule d'objets de luxe, d'amusement & d'oisiveté, qui frappent tous les yeux, & qui peuvent d'autant moins se cacher, que leur seul usage est de se montrer, & qu'ils seroient inutiles s'ils n'étoient vûs. Qu'on ne craigne pas que de tels produits fussent arbitraires, pour n'être fondés que sur des choses qui ne sont pas d'absoluë nécessité : c'est bien mal connoitre les hommes que de croire qu'après s'être laissés une fois séduire par le luxe, ils y puissent jamais renoncer ; ils renonceroient cent fois plutôt au nécessaire, & aimeroient encore mieux mourir de faim que de honte. L'augmentation de la dépense ne sera qu'une nouvelle raison pour la soutenir, quand la vanité de se montrer opulent fera son profit du prix de la chose & des frais de la taxe. Tant qu'il y aura des riches, ils voudront se distinguer des pauvres, & l'Etat ne sauroit se former un revenu moins onéreux ni plus assuré que sur cette distinction.

Par la même raison l'industrie n'auroit rien à souffrir d'un ordre œconomique qui enrichiroit les Finances, ranimeroit l'agriculture, en soulageant le laboureur, & rapprocheroit insensensiblement toutes les fortunes de cette médiocrité qui fait la véritable force d'un Etat. Il se pourroit, je l'avoue, que les impôts contribuassent à faire passer plus rapidement quelques modes; mais ce ne seroit jamais que pour en substituer d'autres sur lesquelles l'ouvrier gagneroit, sans que le fisc eût rien à perdre. En un mot supposons que l'esprit du gouvernement soit constamment d'asseoir toutes les taxes sur le superflu des richesses, il arrivera de deux choses l'une: ou les riches renonceront à leurs dépenses superfluës pour n'en faire que d'utiles, qui retourneront au profit de l'Etat; alors l'assiette des impôts aura produit l'effet des meilleures loix somptuaires; les dépenses de l'Etat auront nécessairement diminué avec celles des particuliers; & le fisc ne sauroit moins recevoir de cette maniére, qu'il n'ait beaucoup moins encore à débourser: ou si les riches ne diminuent rien de leurs profusions, le fisc aura dans le produit des impôts les ressources qu'il cherchoit pour pourvoir aux besoins réels de l'Etat. Dans le premier cas, le fisc s'enrichit de toute la dépense qu'il a de moins à faire; dans le second, il s'enrichit encore de la dépense inutile des particuliers.

Ajou-

Ajoutons à tout ceci une importante dif-tinction en matiére de droit politique, & à laquelle les Gouvernemens, jaloux de faire tout par eux-mêmes, devroient donner une grande attention. J'ai dit que les taxes perfonnelles & les impôts fur les chofes d'une abfolue néceffité, attaquant directement le droit de propriété, & par conféquent le vrai fondement de la Société politique, font toujours fujets à des conféquences dangereufes, s'ils ne font établis avec l'exprès confentement du peuple ou de fes repréfentans. Il n'en eft pas de même des chofes dont on peut s'interdire l'ufage; car alors le particulier n'étant point abfolument contraint à payer, fa contribution peut paffer pour volontaire; de forte que le confentement particulier de chacun des contribuans fupplée au confentement général, & le fuppofe même en quelque maniére: car pourquoi le peuple s'oppoferoit-il à toute impofition qui ne tombe que fur quiconque veut bien la payer? Il me paroit certain que tout ce qui n'eft pas profcrit par les loix, ni contraire aux mœurs & que le gouvernement peut défendre, il peut le permettre moyennant un droit. Si, par exemple, le Gouvernement peut interdire l'ufage
des

des caroffes, il peut à plus forte raifon impofer une taxe fur les caroffes, moyen fage & utile d'en blâmer l'ufage fans le faire ceffer. Alors on peut regarder la taxe comme une efpéce d'amende, dont le produit dédommage de l'abus qu'elle punit.

Quelqu'un m'objectera peut-être que ceux que *Bodin* appelle *impofteurs*, c'eft-à-dire, ceux qui impofent ou imaginent les taxes, étant dans la claffe des riches, n'auront garde d'épargner les autres à leurs propres dépens, & de fe charger eux-mêmes pour foulager les pauvres. Mais il faut rejetter de pareilles idées. Si dans chaque nation ceux à qui le Souverain commet le gouvernement des peuples, en étoient les ennemis par état, ce ne feroit pas la peine de rechercher ce qu'ils doivent faire pour les rendre heureux.

FIN.